8
LN27
41358

NOTICE

SUR

M. FALCONNET

CONSEILLER HONORAIRE A LA COUR DE CASSATION

LUE

LE 22 DÉCEMBRE 1892

A la Séance annuelle de l'Association des Anciens Secrétaires
de la Conférence des Avocats

PAR

M. DUPRÉ LASALE

CONSEILLER HONORAIRE A LA COUR DE CASSATION

PARIS
IMPRIMERIE ET LIBRAIRIE GÉNÉRALE DE JURISPRUDENCE
MARCHAL ET BILLARD
IMPRIMEURS-ÉDITEURS, LIBRAIRES DE LA COUR DE CASSATION
27, Place Dauphine et Rue Soufflot, 7

1893

NOTICE

sur

M. FALCONNET

CONSEILLER HONORAIRE A LA COUR DE CASSATION

PARIS. — IMPRIMERIE L. BAUDOIN, 2, RUE CHRISTINE.

NOTICE

SUR

M. FALCONNET

CONSEILLER HONORAIRE A LA COUR DE CASSATION

LUE

LE 22 DÉCEMBRE 1892

A la Séance annuelle de l'Association des Anciens Secrétaires
de la Conférence des Avocats

PAR

M. DUPRÉ LASALE

CONSEILLER HONORAIRE A LA COUR DE CASSATION

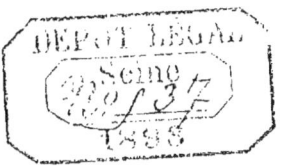

PARIS

IMPRIMERIE ET LIBRAIRIE GÉNÉRALE DE JURISPRUDENCE

MARCHAL ET BILLARD

IMPRIMEURS-ÉDITEURS, LIBRAIRES DE LA COUR DE CASSATION

27, Place Dauphine et Rue Soufflot, 7

1893

Mes chers Camarades,

Nous avons perdu, depuis plus d'un an, un de nos vice-présidents, M. Falconnet, conseiller honoraire à la Cour de cassation. J'avais longtemps siégé à ses côtés; j'étais devenu son ami, avant d'être le plus ancien de ses collègues. A ce double titre il m'appartenait de rendre à sa mémoire l'hommage suprême qui lui est dû.

M. Ernest Falconnet naquit à Thionville le 26 avril 1815. Sa famille, originaire d'Italie, était fixée à Lyon depuis le XVIe siècle. De 1631 à 1762, trois Falconnet furent successivement médecins du Roi. Le dernier, membre de l'Académie des inscriptions, est connu pour avoir légué à la Bibliothèque royale sa magnifique collection de livres. D'une autre branche de la même famille était sorti le célèbre sculpteur Maurice Falconnet qui, appelé en Russie par Catherine II, en 1766, fit la statue équestre de Pierre le Grand, un des plus beaux monuments de Saint-Pétersbourg.

Le père de M. Falconnet exerçait les fonctions

d'inspecteur des douanes. Sa mère était nièce de l'avocat Populus, député de Bourg à l'Assemblée constituante, et qui, pour prix de son dévouement à la Révolution, fut guillotiné sous la Terreur.

Ce qu'étaient les parents de M. Falconnet nous est révélé par deux lettres dans lesquelles Ozanam, son cousin, le félicitait d'avoir reçu d'eux le bienfait d'une éducation chrétienne (1) : « Bénies soient, lui disait-il, nos saintes mères qui, les premières, nous ont enseigné le chemin du ciel. Quand, tout petits, elles nous apprenaient à croire, à espérer, à aimer, elles posaient, sans y penser, les degrés par où nous remontons jusqu'à elles, maintenant qu'elles nous ont été enlevées. Heureux ceux qui savent vivre avec les morts. C'est souvent le meilleur moyen de remplir ses devoirs envers les vivants ».

Ainsi préparé par les leçons et les exemples de la maison paternelle, M. Falconnet entra au collège de Lyon où ses progrès furent rapides. Dès sa quatorzième année, à peine en seconde, il collaborait à une petite revue que patronnaient ses professeurs, l'*Abeille française ou Archives de la jeunesse*. Il y insérait des fables et d'autres essais qui annonçaient déjà du talent.

Ces aspirations littéraires lui étaient communes

---

(1) *Correspondance d'Ozanam*, t. II, p. 11, lettre du 31 janvier 1842 sur la mort de Mme Falconnet mère, et, p. 312, lettre du 30 juillet 1851, sur la mort de M. Falconnet père.

avec Ozanam. Celui-ci, élève du même collège, mais son aîné de deux ans, pouvait lui servir de guide et de modèle. Les lettres qu'il lui adressa de 1831 à 1834, pendant leur séparation, contenaient en germe toutes les grandes idées qui ont illustré sa trop courte vie ; elles étaient animées d'un charme poétique et religieux. Les réponses de M. Falconnet n'ont pas été conservées ; il est facile de les suppléer. Tous deux restaient étrangers aux frivolités et aux passions de leur âge. Ils n'avaient à se confier que de graves pensées et de nobles sentiments. « Nos âmes, écrivait Ozanam en 1833, sont comme deux jeunes étoiles qui se lèvent ensemble et s'entre-regardent à l'horizon. Une vapeur légère peut passer entre elles et les voiler quelques heures. Bientôt l'illusion se dissipe ; elles reparaissent pures, intactes, brillantes l'une pour l'autre, et elles se retrouvent sœurs...... Le temps n'est plus où le dimanche nous revoyait assis au même foyer, rêvant les mêmes rêves, désirant les mêmes désirs, formant une seule intelligence dont tu étais, toi, la partie riante, mobile, moi, le centre de gravité, solide mais lourd. Tes idées capricieuses, mais pleines de grâce et de délicatesse, tes jugements souvent hasardeux, mais toujours originaux et quelquefois vrais, se rattachaient merveilleusement à mes réflexions plus sérieuses, plus raides, plus empruntées...... Souviens-toi comme dans nos causeries, nous commencions par discuter, puis, lorsque nous étions d'accord, tu environnais de tes rêveries tourbillonnantes le principe que j'avais posé. Je formulais une idée, tu la poursuivais, tu la développais sous les faces les plus brillantes. Aujourd'hui l'étude t'a fait capable de formuler par toi-même et pour toi-même. Tu as beaucoup lu, beaucoup travaillé. Depuis un an et demi que nous sommes séparés, tu as marché vite. Non seulement tu m'as atteint, mais tu m'as devancé sous bien des rapports. Tu t'es beaucoup occupé du problème social de l'amélioration des classes laborieuses, auquel j'ai à peine songé. Bien mieux que moi tu connais la littérature et la philosophie allemandes. Tu as acquis dans l'usage de la bonne société une facilité de parole dont je suis bien éloigné. Ensuite, ce qui est plus méritoire, tu as porté dans tes nouvelles études de procédure une bonne volonté dont tu seras récompensé. » Et plus tard, en 1834 : « Vois-tu, mon ami, quand on a mis entre soi deux cents lieues, on craint de se perdre de vue ; on a peur de ne plus se comprendre, lorsqu'on se reverra ; et voilà pourquoi j'ai voulu faire vibrer la corde la plus sacrée de ton cœur pour voir s'il rendait le même son que le mien. Maintenant je me réjouis de cette expérience, parce que je reconnais que nous sommes toujours aussi près l'un de l'autre, toujours frères par la pensée, comme nous le sommes par le sang. Je suis heureux d'apprendre qu'après avoir souffert ce que j'ai souffert, cherché ce que j'ai cherché, tu crois ce que je crois. Ainsi, sans nous voir, pèlerins novices, nous sommes arrivés, par des routes semblables, au seuil du même temple. »

Tels furent les commencements de M. Falconnet, sous l'influence d'une généreuse amitié. Bachelier ès lettres en 1831, à seize ans, on le jugea trop jeune pour l'envoyer aux écoles de droit. Ses loisirs furent employés à de vastes lectures et à la composition de nombreux articles pour la *Revue du Lyonnais* et pour l'*Art en province*. Introduit par ses relations de famille auprès de MM. Ballanche et Sauzet, il acheva de se former dans les entretiens de ces hommes distingués. Ses vacances le conduisaient chez un parent dont les propriétés confinaient à celles de Lamartine. Il fut présenté au poète; il lui plut par la vivacité de son intelligence, par l'agrément de ses manières, et devint l'un des hôtes habituels de Saint-Point.

A la fin de 1833, le moment était venu pour M. Falconnet de faire son droit. Afin de ne pas s'éloigner des résidences successives de son père, il commença son apprentissage juridique à Toulouse, le continua à Paris et l'acheva à Dijon où, le 18 juillet 1836, il soutint honorablement sa thèse de licence.

Déjà, au mois de janvier précédent, il avait publié dans la *France littéraire* et ensuite en brochure un long mémoire sur la *Moralisation des classes industrielles* : œuvre remarquable d'un auteur de vingt ans. Il étudiait, avec une précoce sagesse, les institutions propres à ramener les travailleurs à la tempérance, à l'épargne, aux bonnes mœurs, au respect d'autrui et d'eux-mêmes. Les moraliser, élever leur cœur et leur esprit, lui paraissait la première condition pour améliorer leur sort. C'était là une noble doctrine qui malheureusement n'a pas eu d'échos. Depuis trop longtemps on a cessé de parler aux ouvriers de leurs devoirs. On ne les entretient que de leurs droits. On exalte leurs prétentions les moins raisonnables. Jamais despotes n'ont été plus adulés, et, le fabuliste nous l'a dit, *les flatteurs vivent aux dépens de ceux qui les écoutent.*

Le 2 août 1836, M. Falconnet reçut le diplôme de licencié. Le même jour, M. Sauzet, alors garde des sceaux, le nomma rédacteur au secrétariat particulier de son ministère. Le 13 août, le jeune rédacteur prêta le serment d'avocat à la Cour d'appel. Enfin, le 7 septembre, il abandonna son emploi pour se faire admettre au stage.

Il ne tarda pas à se signaler dans les exercices de la Conférence par une élocution facile et une instruction variée. Dès l'année suivante, sous le bâtonnat de M. Delangle, il fut élu secrétaire. En même temps il fut appelé à l'honneur de prononcer un des discours de rentrée. Il avait pour sujet : *De l'influence du barreau sur nos libertés.* Il le traita avec éloquence et montra qu'à toutes les époques l'autorité des avocats avait été puissante et salutaire, parce que, voués au culte des lois, chez eux la passion de la liberté fut toujours guidée par les idées d'ordre et de modération.

M. Falconnet se partagea dès lors entre ses occupations judiciaires et ses goûts de lettré. En 1838, il fournit à la collection du *Panthéon littéraire* un gros volume de 700 pages intitulé : *Hymnes, odes et petits poèmes d'Orphée, Homère, Hésiode, Théocrite et autres, traduits par divers, édités par Ernest Falconnet*. Il avait réuni dans ce volume des traductions empruntées à différents auteurs Lui-même avait interprété Orphée, Homère, Anacréon, Sapho, Tyrtée, Stésichore, Solon, Alcée, Alcman, Bacchylide, Ibycus et des extraits de l'Anthologie. Il y avait joint de savantes notices et une belle introduction sur la littérature hellénique. Peut-être ne trouverait-on plus un stagiaire digne d'être embrassé pour l'amour du grec. Nous ne lisons plus dans l'original les poètes de la Grèce. Une version qui nous permettait de les connaître et de les apprécier nous rendait un véritable service. Aussi, dès 1842, une seconde édition du même ouvrage, avec quelques changements et sous un moindre format, parut chez un autre libraire.

En 1838, M. Falconnet avait composé pour la revue de l'*Art en province* deux articles sur Lamartine. En 1840, il les reprit, les compléta, et en fit un livre qu'il dédia à M. Ballanche. Il y donnait des détails curieux et alors nouveaux sur la famille, la jeunesse, la carrière de Lamartine ; il expliquait ses œuvres par sa vie ; il cherchait dans ses inspirations religieuses l'origine de ses tendances progressistes. En somme c'était un panégyrique enthousiaste. M. Falconnet l'avait écrit avant l'apparition des *Girondins*. L'eût-il fait après ? On peut en douter. Depuis ce moment ses relations avec Lamartine se refroidirent. Il avait aimé le poète, il admirait l'orateur, il rompit avec le tribun.

Il faut encore citer une brochure que M. Falconnet publia, en 1842, sur les justices de paix. La loi de 1838 avait élargi leur compétence civile ; il proposa de l'étendre aux petites contestations commerciales. Il pensait, non sans raison, que des juges investis de pouvoirs plus amples devaient offrir plus de garanties. Il en exigeait le grade de licencié, un stage effectif au barreau ou chez un avoué, enfin la justification d'un certain revenu. Il supprimait leurs vacations, augmentait leur traitement et leur conférait l'inamovibilité, afin qu'ils pussent remplir leurs fonctions avec indépendance et dignité. Son travail déjà ancien présente encore aujourd'hui un intérêt actuel, parce qu'un récent projet de loi a réveillé les questions qu'il avait su prévoir et discuter.

Lorsqu'il mit au jour cette brochure et le livre sur Lamartine, M. Falconnet appartenait déjà à la magistrature. Il y était entré, sous les auspices de M. Sauzet, le 12 mars 1839, comme substitut au tribunal de Saint-Étienne. Le 30 juin 1842, il fut nommé substitut à Bourg, le 15 février 1844, substitut à Lyon, et, le 2 décembre 1846, substitut du procureur général près la Cour de Rouen. Ces avancements étaient la juste récompense d'un mérite partout reconnu. Les événements de 1848 lui apportèrent l'occasion de prouver que son courage égalait son talent. Au milieu des émeutes de Rouen et d'Elbeuf, il prit, comme délégué du procureur général, une part importante à la répression des troubles, dirigea l'instruction, et déploya une intelligente fermeté qui lui valut le poste d'avocat général.

En 1849, il passa à Lyon avec le même titre, satisfait de revenir dans le ressort où il avait débuté, où sa famille résidait, où il s'était récemment marié (1).

La Cour de Lyon avait alors à sa tête d'éminents magistrats. M. Gilardin occupait le siège de procureur général, et, quand la première présidence lui fut attribuée, M. Devienne le remplaça. Enfin, M. Grandperret figurait parmi leurs collaborateurs. M. Falconnet était digne de ses supérieurs et de ses émules. Il possédait toutes les qualités qu'exige le ministère public ; esprit fin, délicat, prompt à la repartie, caractère bienveillant, mais ferme et décidé, homme du monde et homme d'étude, joignant la pratique des affaires à la connaissance du Droit, très versé dans les sciences morales et politiques, il avait au plus haut degré le don de la parole. Son élocution nette, féconde, spirituelle, se prêtait à la démonstration dialectique et s'élevait sans effort aux plus vives émotions. Quand il devait parler, on se pressait dans le prétoire où il impressionnait singulièrement l'assistance et le jury. J'aurais voulu vous le faire entendre, j'ai vainement cherché dans

---

(1) Il avait épousé, le 21 juillet 1845, Mlle Rodat, fille unique de M. Rodat, notaire et maire de Cuiseaux (Saône-et-Loire).

les recueils un de ses réquisitoires. Si les succès d'audience sont les plus enivrants de tous, ils laissent peu de traces, en province surtout où les causes mémorables sont rares, où la publicité est restreinte. La renommée de l'orateur vit dans les souvenirs des contemporains. Leurs suffrages n'ont pas manqué à M. Falconnet. Les présidents d'assises, dans leurs rapports, louaient à l'envi son éloquence. M. Gilardin déclarait qu'elle *ajoutait à l'honneur de ses fonctions et rehaussait la solennité du spectacle judiciaire.*

A la rentrée du 3 novembre 1852, M. Falconnet prononça devant la Cour assemblée, une harangue qui fut très applaudie. Il avait choisi un beau sujet: *L'influence de la magistrature sur la direction de l'élément social*, et il avait peint, à grands traits, les lents et pénibles progrès de la société française qui, sous le patronage de la justice, à travers tant de vicissitudes et de révolutions, était enfin parvenue à ce but glorieux : *L'inviolabilité de la conscience humaine, l'égalité devant l'unité de la loi* (1).

Premier avocat général depuis le 17 mars 1852, chevalier de la Légion d'honneur en 1854, M. Falconnet devint, le 7 novembre 1855, procureur général près la Cour d'appel de Pau.

Dans son discours d'installation, il témoigna en

---

(1) A cette même séance, M. le conseiller Populus, oncle de M. Falconnet, fut reçu membre de la Légion d'honneur.

termes touchants sa gratitude envers ses chefs de Rouen et de Lyon, auprès desquels s'était accomplie son éducation judiciaire. Il proclama que, *s'il était quelque chose*, il le devait à leurs enseignements et à leurs exemples. Heureux, dirai-je à mon tour, ceux qui sont élevés à cette grande école où l'on acquiert le tact et la mesure, où l'on sait allier le respect et l'indépendance, la justice et l'humanité. Un trait de plume peut faire des juges et des procureurs ; il ne fait pas des magistrats. La science et le talent n'y suffisent même pas. Il faut la vocation d'abord ; il faut la tradition surtout, cette tradition de l'honneur professionnel que les jeunes reçoivent des anciens, et qui, les formant aux vertus modestes de tous les jours, les dispose aux généreux dévouements et aux nobles sacrifices.

Le nouveau procureur général ne tarda pas à justifier la réputation qui l'avait précédé. Il intervint fréquemment dans les débats criminels les plus importants ; il y retrouva ses triomphes de Lyon. Aussi, en 1858, un poste d'avocat général étant venu à vaquer à la Cour de cassation, le garde des sceaux, M. de Royer, s'empressa de le lui offrir. M. Falconnet ne se crut pas encore assez préparé à ce difficile emploi ; il le refusa par une modestie qui n'a guère d'imitateurs. Cependant le séjour de Paris le tentait. Des raisons de famille l'y appelèrent ; il demanda, et, le 1er juillet 1861, il obtint d'être nommé conseiller à la Cour de Paris.

Ici j'emprunterai à M. l'avocat général Reynaud une page charmante qu'il a consacrée à M. Falconnet (1). M. Reynaud avait débuté dans le ressort de Pau, en 1862, un an après le départ du procureur général. « Son administration, dit-il, a laissé dans ce ressort des traces durables ; j'en puis parler pour les y avoir constatées. Je puis aussi, pour les avoir entendus, rendre ce témoignage que ses substituts étaient unanimes à vanter sa large intelligence, sa bonté surtout, faite d'esprit et de cœur. Ils étaient fiers du merveilleux talent de parole de leur ancien chef et s'affligeaient de la détermination qu'il avait prise d'accepter un siège de conseiller. Il semblait que ses belles facultés allaient s'y voiler ; elles ne brillèrent jamais d'un plus vif éclat.

« Il fut, en effet, bientôt chargé de présider les assises. C'était encore le temps des résumés. Ils ont disparu depuis, emportés dans un mouvement d'opinion que le législateur a dû sanctionner. L'événement a prouvé qu'ils n'avaient pas, sur la solution des débats criminels, l'influence qu'on leur attribuait. L'institution a été compromise par des maladresses. M. Falconnet l'aurait sauvée, si le salut eût été possible. Il était bien le président tel que l'avait compris le législateur du Code d'instruction criminelle, dominant le débat, le dirigeant d'abord, libre de toute entrave, le résumant ensuite avec cette impartialité qui n'est pas l'indifférence, toutes

---

(1) Discours prononcé à l'audience de rentrée de la Cour de cassation, le 16 octobre 1891, par M. Reynaud, avocat général.

les forces de son esprit tendues vers un but unique : la manifestation de la vérité. Sa parole grave et un peu solennelle le servait puissamment dans cette dernière partie de sa tâche. Le débat s'élevait avec lui ; les misères et les hontes du procès disparaissaient devant l'enseignement qu'il en dégageait avec une singulière hauteur de vues et un rare bonheur d'expressions.

« Pendant près de huit années, il a rempli ces délicates fonctions à la Cour d'assises de la Seine. On ne l'y a pas oublié ; son nom demeurera parmi ceux des grands présidents d'assises. »

Au cours de cette période laborieuse, en 1865, M. Falconnet publia un de ses plus intéressants ouvrages, une édition des œuvres choisies de d'Aguesseau, précédée d'une étude biographique dans laquelle les actes, les écrits, le rôle de l'illustre chancelier étaient l'objet d'un examen magistral et d'un jugement définitif.

Le 27 février 1869, une présidence récompensa les services de M. Falconnet. Durant près de sept années, il dirigea avec distinction la Chambre des appels correctionnels. Il était devenu le doyen des présidents.

Enfin, le 22 octobre 1875, il arriva à la Cour de cassation où sa place était depuis longtemps marquée. Il siégea à la Chambre criminelle. Une connaissance approfondie des lois pénales, une longue expérience des affaires criminelles, un sens très droit et l'amour du travail rendaient précieuse sa collaboration. Ses rapports, nets et précis, indiquaient toujours la meilleure solution. Dans le délibéré, lorsque s'agitaient de graves questions de morale juridique, sa voix s'animait et l'on reconnaissait l'orateur.

Cependant l'âge s'avançait avec ses inévitables tristesses. Des deuils cruels se succédèrent dans sa famille. Il perdit sa digne compagne par le chagrin plus que par la maladie. Sa santé s'altéra; il entendait avec peine; sa vue s'était affaiblie. A la fin des vacances de 1889, il m'écrivait : « Ne pouvant pas lire, je regarde les livres que j'ai tant aimés, et je vis au milieu d'eux, confiné dans ma bibliothèque ». Il supportait ces épreuves avec le courage et la résignation d'un chrétien. Elles n'avaient rien ôté à l'agrément de son esprit ni au charme de son commerce. S'il se plaignait, c'était en plaisantant sur ses organes qui, *exaspérés*, disait-il, *par de trop longs discours, se mettaient en grève et lui refusaient leur office*. Il était en possession de toutes ses facultés intellectuelles, lorsque sonna l'heure de la retraite. Le titre de conseiller honoraire lui fut conféré le 20 mai 1890. La séparation nous fut aussi pénible qu'à lui-même. Nous le vîmes s'éloigner avec de vifs regrets, et souvent, au sortir des audiences, nous allions, en groupe ou séparément, prendre de ses nouvelles.

Un jour, que l'absence de ses filles augmentait l'ennui de sa solitude, il voulut revoir le Palais et y serrer la main de ses collègues. Il partit; en chemin, un malaise subit l'obligea de rentrer. Un médecin fut mandé et ne vint que pour recevoir son dernier soupir. Ainsi mourut, le 1ᵉʳ avril 1891, cet homme excellent. C'était un magistrat de la vieille roche. Il a mérité par ses talents, par ses travaux, par son caractère, que son souvenir soit pieusement conservé (1).

---

(1) M. Falconnet a été inhumé dans le cimetière de Cuiseaux où il avait fait construire une chapelle funéraire. Pendant plusieurs années il avait représenté le canton de Cuiseaux au Conseil général de Saône-et-Loire. Il était officier de la Légion d'honneur, de l'Instruction publique, des ordres de Charles III d'Espagne et de l'Étoile polaire de Suède. Il a laissé deux filles, l'une veuve de M. Grosmaître, lieutenant-colonel d'infanterie, l'autre mariée à M. Le Bourguignon Duperré, capitaine de vaisseau.

Paris. — Imprimerie L. Baudoin, 2, rue Christine.

PARIS. — IMPRIMERIE L. BAUDOIN, 2, RUE CHRISTINE.

www.ingramcontent.com/pod-product-compliance
Lightning Source LLC
Chambersburg PA
CBHW060722050426
42451CB00010B/1578